AF360041

LA RÉUNION DES AMOURS.

COMEDIE HÉROÏQUE.

PAR

Mr. DE MARIVAUX.

A LA HAYE,

Chez ANTOINE van DOLE.

MDCCXXXIX.

L'AMOUR.

CUPIDON.

MERCURE.

PLUTUS.

APOLLON.

LA VERITÉ.

MINERVE.

LA VERTU.

LA RÉUNION
DES
AMOURS.
COMEDIE HEROIQUE.

SCENE PREMIERE.

L'AMOUR, *qui entre d'un côté,*
CUPIDON, *de l'autre.*

CUPIDON, *à part.*

Que vois-je ; qui est-ce qui a l'audace de porter comme moi un Carquois, & des Fléches.

L' A-

L'AMOUR, *à part.*

N'eſt-ce pas là Cupidon, cet Uſurpateur de mon Empire?

CUPIDON, *à part.*

Ne ſeroit-ce pas cet Amour Gaulois, ce Dieu de la fade tendreſſe, qui ſort de la Retraite obſcure, où ma Victoire l'a condamné.

L'AMOUR, *à part.*

Qu'il eſt laid, qu'il a l'air débauché.

CUPIDON, *à part.*

Vît-on jamais de figure plus ſotte? ſçachons un peu ce que vient faire ici cette ridicule Antiquaille; approchons.

A L'AMOUR.

Soyez le bien venu, mon Ancien, le Dieu des Soûpirs timides, & des tendres Langueurs, je vous ſaluë.

L'AMOUR.

Saluez.

CUPIDON.

Le Compliment eſt ſec, mais je vous le pardonne, un Proſcrit n'eſt pas de bonne humeur.

L'AMOUR.

Un Proſcrit; vous ne devez ma retraite qu'à l'indignation qui m'a ſaiſi, quand j'ai vû que les Hommes étoient capables de vous ſouffrir.

CUPIDON.

Malepeſte, que cela eſt beau! c'eſt-à-dire, que vous n'avez fuï que parce que vous étiez glorieux, & vous êtes un Héros fuyard.

L'AMOUR.

Je n'ai rien à vous répondre; allez, nous ne ſommes pas faits pour diſcourir enſemble.

CUPIDON.

Ne vous fâchez point mon Confrere, dans le

fonds je vous plains ; vous me dites des Injures, mais votre état me désarme ; tenez, je suis le meilleur Garçon du monde ; contez-moi vos chagrins, que venez-vous faire ici ; est-ce que vous vous ennuyez dans votre solitude ; eh bien ! il y a reméde à tout ; voulez-vous de l'Emploi , je vous en donnerai ; je vous donnerai votre petite provision de Flêches ; car celles que vous avez là dans votre Carquois, ne valent plus rien. . . . Voyez-vous ce dard-là ; voilà ce qu'il faut ; cela entre dans le Cœur, cela le pénétre ; cela le brûle ; cela l'embrase, il crie, il s'agîte , il demande du secours ; il ne sçauroit attendre.

L'AMOUR.

Quelle méprisable espéce de feux !

CUPIDON.

Ils ont pourtant décrié les vôtres , entre vous & moi ; de votre tems les Amans n'étoient que des Benêts ; ils ne sçavoient que languir ; que faire des helas ; & conter leurs peines aux échos d'alentour : Oh , parbleu, ce n'est plus de même , j'ai supprimé les échos ; moi je blesse ; ahi, vîte au reméde, on va droit à la cause du mal : allons, dit-on, je vous aime , voyez ce que vous pouvez faire pour moi , car le tems est cher ; il faut expédier les Hommes, mes sujets ne disent point je me meurs ; il n'y a rien de si vivant qu'eux ; langueurs, timidités, doux martyre , il n'est plus question ; fadeur, platitude du tems passé , que tout cela vous ne faisiez que des Sots, que des Imbéciles ; moi je ne fais que des gens de Courage, je ne les endors pas, je les éveille ; ils sont si vifs, qu'ils n'ont pas le loisir d'être tendres ; leurs regards sont des désirs ; au lieu de soûpirer, ils attaquent ; ils ne demandent pas d'Amour ; ils le supposent ; ils ne di-

A 3

fent point faites moi grace ; ils la prennent ; ils ont du Refpect , mais ils le perdent ; & voilà celui qu'il faut en un mot ; je n'ai point d'Efclaves , je n'ai que des Soldats. Allons, déterminez vous. J'ai befoin de Commis , voulez-vous être le mien ? fur le champ je vous donne de l'Emploi.

L'AMOUR.

Ne rougiffez-vous point du récit que vous venez de faire ? quel oubli de la Vertu.

CUPIDON.

Eh bien ; quoi ; la Vertu ; que voulez-vous di-re ? elle a fa Charge, & moi la mienne ; elle eft faite pour regir l'Univers, & moi pour l'entrete-nir. Déterminez vous vous dis-je ; mais je ne vous prends qu'à condition que vous quitterez, je ne fçai quel air de dupe que vous avez fur la Phyfio-nomie ? Je ne veux point de cela ; allons, mon Lieutenant alerte ! un peu de Mutinerie dans les yeux ! les vôtres prechent la Réfiftance ; eft-ce là la contenance d'un Vainqueur ; avec un Amour auffi poltron que vous, il faudroit qu'un tendron fit tous les frais. Eh éviteriez-vous. . . (*Il tire une de fes Flêches*) Je fuis d'avis de vous égayer le Cœur d'une de mes Flêches pour vous ôter cet air timide & langoureux. Garre que je vous rende auffi fol que moi,

L'AMOUR,

Tirant auffi une de fes Flêches.

Et moi, fi vous tirez, je vous rendrai fage.

CUPIDON.

Non pas, s'il vous plaît, j'y perderois, vous y gagneriez.

L'AMOUR.

Allez, petit Libertin que vous êtes , votre audace ne m'offenfe point, & votre Empire touche peut-
être

être à sa fin ; Jupiter aujourd'hui fait assembler tous les Dieux ; il veut que chacun d'eux fasse un Don au Fils d'un grand Roi qu'il aime. Je suis invité à l'Assemblée ; tremblez des suites, que peut avoir cette Avanture.

SCENE II.

CUPIDON, *seul.*

COmment donc ; il dit vrai, tous les Dieux ont reçû ordre de se rendre ici ; il n'y a que moi qu'on n'a point averti, & j'ai crû que ce n'étoit qu'un oubli de la part de Mercure ; le voici qui vient, voyons ce que cela signifie.

SCENE III.

CUPIDON, MERCURE, PLUTUS.

MERCURE.

AH ! vous voilà, Seigneur Cupidon, je suis votre serviteur.

PLUTUS.

Bon jour, mon Ami.

CUPIDON.

Bon jour, Plutus. Seigneur Mercure, il y a aujourd'hui Assemblée générale, & c'est vous qui avez averti tous les Dieux de la part de Jupiter de se rendre ici.

MER-

MERCURE.

Il est vrai.

CUPIDON.

Pourquoi donc n'ai je rien sçû de cela, moi; est-ce que je ne suis pas une Divinité assez considérable?

MERCURE.

Ah, où vouliez-vous que je vous prisse? vous êtes un Coureur qu'on ne sçauroit attraper.

CUPIDON.

Vous biaisez, Mercure, parlez-moi franchement; étois je sur votre Liste?

MERCURE.

Ma foi non, j'avois ordre exprès de vous oublier tout net.

CUPIDON.

Moi, & de qui l'aviez-vous reçû?

MERCURE.

De Minerve, à qui Jupiter a donné la direction de l'Assemblée.

PLUTUS.

Oh! de Minerve, la Déesse de la sagesse, ce n'est pas là un grand malheur, tu sçais bien qu'elle ne nous aime pas; mais elle a beau faire, nous avons un peu plus de crédit qu'elle; nous rendons les gens heureux, nous, Morbleu! & elle ne les rend que raisonnables; aussi n'a-t-elle pas la presse.

CUPIDON.

Apparemment que c'est elle qui vous a aussi chargé du soin d'aller chercher le Dieu de la Tendresse, lui, dont on ne se ressouvenoit plus?

MERCURE.

Vous l'avez dit, & ma Commission portoit même de lui faire de grands Complimens.

CU-

CUPIDON, *riant.*

La belle Ambaſſade !

PLUTUS.

Va, va, mon Ami, laiſſez-le venir ce Dieu de la Tendreſſe ; quand on le rétabliroit, il ne feroit pas grand beſogne ; on n'eſt plus dans le goût de l'amoureux Martyre ; on ne l'a retenûë que dans les Chanſons ; le métier de Cruelle eſt tombé ; ne t'embaraſſe pas de ton Rival ; je ne veux que de l'or pour le battre, moi.

CUPIDON.

Je le croi ; mais je ſuis piqué ; il me prend envie de vuider mon Carquois ſur tous les Cœurs de l'Olimpe.

MERCURE.

Point d'étourderie ; Jupiter eſt le maître ; on pourroit bien vous chaſſer, car on n'eſt pas trop content de vous.

CUPIDON.

Eh ! de quoi peut-on ſe plaindre, je vous prie.

MERCURE.

Oh ! de tant de choſes ; par exemple, il n'y a plus de tranquillité dans le Mariage ; vous ne ſçauriez laiſſer la tête des Maris en répos ; vous mettez toujours après leurs Femmes quelque Chaſſeur qui les attrape.

CUPIDON.

Et moi, je vous dis que mes Chaſſeurs ne pourſuivent que ce qui ſe préſente.

PLUTUS.

C'eſt-à-dire, que les Femmes ſont bien-aiſes d'être courûës

CUPIDON.

Voilà ce que c'eſt ; la plûpart ſont des Coquettes qui en demeurent là, ou bien qui ne ſe retirent

que pour agacer ; qui n'oublient rien pour exciter
l'envie du Chasseur ; qui lui disent, mirez - moi ;
on les mire, on les blesse, & elles se rendent ; est ce
ma faute ? Parbleu non ; la Coquetterie les a déjà
bien étourdies, avant qu'on les tire.

MERCURE.

Vous direz ce qu'il vous plaira ; ce n'est point à
moi à vous donner des Leçons ; mais prenez y
garde ; ce sont les Hommes, ce sont les Femmes
qui crient, qui disent que c'est vous qui passez les
Contracts de la moitié du Mariage ; Après cela, ce
sont les Vieillards que vous donnez à expedier à de
jeunes Epouses, qui ne les prennent vivans, que
pour les avoir morts, & qui , au détriment des Hé-
ritiers, ont tout le profit des funerailles ; Ce sont
de vieilles Femmes dont vous vuidez le Coffre pour
l'achat d'un Mari faineant, qu'on ne sçauroit ni
troquer, ni revendre ; Ce sont des Malices qui ne
finissent point ; sans compter votre Libertinage ;
car Bacchus, dit - on, vous fait faire tout ce qu'il
veut ; Plutus avec son or, dispose de votre Carquois, pourvû qu'il vous donne, toute votre Ar-
tillerie est à son service, & cela n'est pas joli ; ain-
si tenez - vous en repos, & changez de Conduite.

CUPIDON.

Puisque vous m'exhortez à changer, vous avez
donc envie de vous retirer, Seigneur Mercure ?

MERCURE.

Laissons-là cette mauvaise plaisanterie.

PLUTUS.

Quant à moi, je n'ai que faire d'être dans les
Caquets ; tout ce que je prends de lui, je l'achette,
je marchande, nous convenons, & je paye ; voilà
toute la finesse que j'y sçache.

CU-

CUPIDON.

Celui-là est Comique, se plaindre de ce que j'aime la bonne chére & l'aisance, moi qui suis l'Amour; A quoi donc voulez-vous que je m'occupe, à des Traités de Morale? oubliez-vous que c'est moi qui met tout en mouvement, que c'est moi qui donne la Vie, qu'il faut dans ma charge un fond inépuisable de bonne humeur, & que je dois être à moi seul plus sémillant plus vivant que tous les Dieux ensemble.

MERCURE.

Ce sont vos affaires; mais je pense que . . . . Voici Apollon qui vient à nous.

PLUTUS.

Adieu donc, je m'en vais, le Dieu du bel-Esprit & moi ne nous amusons pas extrémement ensemble, jusqu'au revoir, Cupidon.

CUPIDON.

Adieu, Adieu, je vous rejoindrai.

SCENE IV.

CUPIDON, MERCURE, APOLLON.

MERCURE.

Qu'avez-vous, Seigneur Apollon, vous avez l'air sombre?

APOLLON.

Le retour du Dieu de la Tendresse me fâche, je n'aime pas les dispositions où je vois que Minerve est pour lui; je vous apprends qu'elle va bien-tôt l'amener ici, Cupidon.

CU-

CUPIDON.

Et que veut-elle en faire ?

APOLLON.

Vous entendre raisonner tous les deux sur la nature de vos feux, pour juger lequel de vos Dons on doit préférer dans cette occasion ici : & c'est de quoi même, je suis chargé de vous informer.

CUPIDON.

C'est parbleu bien dit ; je vais me recueillir chez Bacchus ; il y a du Vin de Champagne, qui est d'une éloquence admirable, j'y trouverai mon Plaidoyer tout fait ; Adieu, mes Amis ; tenez-moi des Lauriers tout prêts.

SCENE V.

MERCURE, APOLLON.

APOLLON.

IL a beau dire, le vent du Bureau n'est pas pour lui, & je me défie du succès.

MERCURE.

Eh bien, que vous importe à vous ; quand son Rival reviendroit à la mode, vous n'en inspirerez pas moins ceux qui chanteront leurs Maîtresses.

APOLLON.

Eh morbleu ! cela est bien différent, les Chansons ne seront plus si jolies, on ne chantera plus que des Sentimens, cela est bien plat.

MERCURE.

Bien plat ; que voulez-vous donc qu'on chante !

APOLLON.

Ce que je veux ; Est-ce qu'il faut un Commentaire

taire à Mercure ; une Caresse, une Vivacité, un transport ; quelque petite Action.

MERCURE.

Ah ! vous avez raison, je n'y songeois pas ; cela fait un sujet bien plus piquant, plus animé.

APOLLON.

Sans comparaison, & un sujet bien plus à la portée d'être senti, tout le monde est au fait d'une Action.

MERCURE.

Oüi, tout le monde gesticule.

APOLLON.

Et tout le monde ne sent pas ; il y a des Cœurs materiels qui n'entendent un Sentiment, que lorsqu'il est mis sur un Canevas bien intelligible.

MERCURE.

On ne leur explique l'Ame qu'à la faveur du Corps.

APOLLON.

Vous y êtes ; & il faut avouër que la Poësie galante a bien plus de prise en pareil cas. Aujourd'hui quand j'inspire un Couplet de Chanson, ou quelques autres Vers, j'ai mes coudées franches, je suis à mon aise. C'est Philis qu'on attaque, qui combat, qui se défend mal ; c'est un beau bras qu'on saisit ; c'est une main qu'on adore, & qu'on baise ; c'est Philis qui se fâche ; on se jette à ses génoux ; elle s'attendrit ; elle s'appaise ; un Soûpir lui échappe. Ah ! Sylvandre ; ah Philis, levez-vous, je le veux. Quoi Cruelle ! mes transports...... Finissez ; Je ne puis, laissez-moi ; des regards ; des ardeurs ; des douceurs, cela est charmant ; sentez-vous la gayeté, la commodité de ces objets-là ? J'inspire là-dessus en me joüant, aussi n'a t-on jamais vû tant de Poëtes.

MER-

MERCURE.

Et dont la Poësie ne vous coûte rien ; ce sont les Philis qui en font tous les frais.

APOLLON.

Sans doute, au lieu que si la tendresse alloit être à la mode , Adieu les bras , Adieu les mains, les Philis n'auroient plus de tout cela.

MERCURE.

Elles n'en seroient que plus aimables, & sans doute que plus aimées , mais laissez-moi recevoir la verité qui arrive.

SCENE VI.

MERCURE, APOLLON, LA VERITE'.

MERCURE.

IL est tems de venir, Déesse ; l'Assemblée va se tenir bien-tôt.

LA VERITE'.

J'arrive ; je me suis seulement amusée un instant à parler à Minerve, sur le choix qu'elle a fait de certains Dieux, pour la Cérémonie dont il est question.

APOLLON.

Peut-on vous demander de qui vous parliez Déesse ?

LA VERITE'.

De qui ? de vous.

APOLLON.

Cela est net, & qu'en disiez-vous donc ?

LA VERITE'.

Je difois . . . . . . Mais vous êtes bien hardi d'interroger la Vérité, vous y tenez-vous?

APOLLON.

Je ne crains rien, pourfuivez.

MERCURE.

Courage.

APOLLON.

Que difiez-vous de moi?

LA VERITE'.

Du bien, & du mal; beaucoup plus de mal que de bien; continuez de m'interroger, il ne vous en coûtera pas plus de fçavoir le refte.

APOLLON.

Eh! quel mal y a-t-il à dire du Dieu qui peut faire le Don de l'Eloquence & de l'amour des beaux Arts.

LA VERITE'.

Oh! vos Dons font excellents ; j'en difois du bien ; mais vous ne leur reffemblez pas.

APOLLON.

Pourquoi?

LA VERITE'.

C'eft que vous flattez, que vous mentez, & que vous êtes un Corrupteur des Ames humaines.

APOLLON.

Doucement, s'il vous plaît ; comme vous y allez.

LA VERITE'.

En un mot, un vrai Charlatan.

APOLLON.

Arrêtez ; car je me fâcherois.

MERCURE.

Laiffez la achever ; ce qu'elle dit eft amufant.

APOLLON.

Il ne m'amufe point du tout moi ; qu'eft-ce que

que cela fignifie ? En quoi donc méritai - je tous
ces noms - là ?

LA VERITE'.

Vous rougiffez ; Mais ce n'eft pas de vos vices ;
ce n'eft que du reproche que je vous en fais.

MERCURE, *à Apollon.*

N'admirez - vous pas fon difcernement ?

APOLLON.

Déeffe , vous me pouffez à bout.

LA VERITE'.

Je vous définis , vangez - vous , en vous corrigeant.

APOLLON.

Eh ! de quoi me corriger ?

LA VERITE'.

Du métier vénal & mercenaire que vous faites.
Tenez, de toutes les Eaux de votre Hypocrêne, de
votre Parnaffe, & de votre bel - Efprit, je n'en don-
nerois pas un fêtu , non plus que de vos neuf
Mufes , qu'on appelle les chaftes Sœurs , & qui ne
font que neuf vieilles Friponnes , que vous n'em-
ployez qu'à faire du mal ; Si vous êtes le Dieu de
l'Eloquence, de la Poëfie, du Bel - Efprit , foûte-
nez donc ces grands Attributs avec quelque dignité ; car enfin , n'eft - ce pas vous qui dictez tous
les Eloges flatteurs qui fe débitent ? Vous êtes fi ac-
coûtumé à mentir , que lorfque vous loüez la Vertu , vous n'avez plus d'efprit , vous ne fçavez plus
où vous en êtes.

MERCURE.

Elle n'a pas tout le tort. J'ai remarqué que la fic-
tion vous réüffit mieux que le refte.

LA VERITE'.

Je vous dis qu'il n'y a rien de fi plat que lui ,
quand il ne ment pas ; On eft toujours mal loüé

de

de lui, dès qu'on mérite de l'être : Mais dans le
fabuleux, oh ! il triomphe, il vous fait un mon-
ceau de toutes les Vertus, & puis vous les jette à
la tête : tiens, prens enyvre toi d'impertinences &
de chiméres.

APOLLON.

Mais enfin . . . .

LA VERITE'.

Mais enfin, tant qu'il vous plaira. Vos Epitres
Dédicatoires, par exemple ?

MERCURE.

Oh ! faites lui grace là - dessus. On ne les lit point.

LA VERITE'.

Dans le grand nombre, il y en a quelques-unes
que j'aprouve ; Quand j'ouvre un Livre, & que je vois
le nom d'une vertueuse Personne à la tête, je m'en
rejoüis ; Mais j'en ouvre un autre, il s'adresse à
une Personne admirable ; J'en ouvre cent, j'en ouvre mille, tout est dédié à des Prodiges de Vertu &
de mérite. Et où se tiennent donc tous ces Prodiges ? Où sont-ils ? Comment se fait - il que les per-
sonnes vraiment loüables soient si rares, & que
les Epitres Dédicatoires soient si communes ? Il me
les faut pourtant en nombre égal, ou bien vous n'ê-
tes pas un Dieu d'honneur ; En un mot, il y a mille Epitres où vous vous écriez ; ,, que votre modes-
,, tie se rassure, Monseigneur. ,, Il me faut donc
mille Monseigneurs modestes, Oh ! de bonne foi,
me les fourniriez - vous ? Concluez.

APOLLON.

Mais, Mercure, approuvez - vous tout ce qu'elle
me dit là.

MERCURE.

Moi ? je ne vous trouve pas si coupable qu'elle le
croit. On ne sent point qu'on est menteur, quand
on a l'habitude de l'être.

B

APOL-

APOLLON.

La réponse est consolante.

LA VERITE'.

En un mot, vous masquez tout ; & ce qu'il y a de plaisant, c'est que ceux que vous travestissez, prennent le masque que vous leur donnez pour leur visage. Je connois une très laide Femme, que vous avez appellée Charmante Iris ; la folle n'en veut rien rabattre, son Miroir n'y gagne rien, elle n'y voit plus qu'Iris ; C'est sur ce pied-là qu'elle se montre, & la Charmante Iris est une Guenon qui vous feroit peur ; Je vous pardonnerois tout cela cependant, si vos flatteries n'attaquoient pas jusqu'aux Princes ; mais pour cet Article-là, je le trouve affreux.

MERCURE.

Malepeste ! C'est l'Article de tout le Monde.

APOLLON.

Quoi ? dire la verité aux Princes ?

LA VERITE'.

Le plus grand des Mortels, c'est le Prince qui l'aime & qui la cherche, je mets presque à côté de lui le sujet vertueux qui ose la lui dire ; & le plus heureux de tous les Peuples, est celui chez qui ce Prince & ce Sujet se rencontrent ensemble.

APOLLON.

Je l'avouë ; il me semble que vous avez raison.

LA VERITE'.

Au reste, Apollon, tout ce que je vous dis-là ne signifie pas que je vous craigne ; vous sçavez aujourd'hui de quel Prince il est question ; faites tout ce qu'il vous plaira ; la Sagesse & moi nous remplirons son ame d'un si grand amour pour les Vertus, que vos flatteurs seront reduits à parler de lui, comme j'en parlerai moi-même. Adieu.

APOLLON.

C'en est fait, je me rends, Déesse, & je me ra-
com-

commode avec vous; Allons, je vous consacre mes veilles, vous fournirez les actions au Prince, & je me charge du soin de les célébrer.

SCENE VII.

MERCURE, APOLLON.

MERCURE.

SEigneur Apollon, je vous félicite de vos loüables dispositions ; voilà ce que c'est que les gens d'esprit ; tôt ou tard ils deviennent honnêtes gens.

APOLLON.

Voilà ce qui fait qu'on ne doit pas déseserer de vous, Seigneur Mercure.

SCENE VIII.

CUPIDON, MERCURE, APOLLON.

CUPIDON.

GAre, gare, Messieurs ; Voici Minerve qui se rend ici avec mon Rival.

MERCURE.

Eh bien ! Nous ne serons pas de trop ? Je serai bien-aise d'être présent.

APOLLON.

Vous n'auriez pas mal fait de me communiquer ce que vous avez à dire. J'aurois pû vous fournir quelque chose de bon, mais vous ne consultez personne.

CUPIDON.

Mons de la Poësie, vous me manquez de respect.

 APOL-

APOLLON.

Pourquoi donc ?

CUPIDON.

Vous croyez avoir autant d'efprit que moi, je penfe?

MERCURE, *rit.*

Hé, hé, hé, hé.

APOLLON.

Je fçai pourtant perfuader la raifon même.

CUPIDON.

Et moi, je la fais taire; taifez - vous auffi.

SCENE IX.

MINERVE, L'AMOUR, CUPIDON, MERCURE, APOLLON.

MINERVE.

VOus fçavez, Cupidon, de quel Emploi Jupiter m'a chargée. Peut-être vous plaindrez-vous du fecret que je vous ai fait de notre Affemblée ; mais je croyois vos feux trop vifs. Quoi qu'il en foit, nous ne voulons point que le Prince ait une ame infenfible ; l'un de vous deux doit avoir quelque droit fur fon Cœur, mais fa raifon doit primer fur tout ; & vous êtes accufé de ne la ménager guére.

CUPIDON.

Oüi- da ; je l'étourdis quelquefois ; il y a des momens difficiles à paffer avec moi, mais cela ne dure pas.

APOLLON.

Quand on aime, il faut bien qu'il y paroiffe.

MERCURE.

Tenez, dans la Théorie, le Dieu de la Tendreffe l'emporte ; mais j'aime mieux fa pratique, à lui.

MINERVE.

Meffieurs, ne foyez que Spectateurs.

MER.

MERCURE.

Je ne dis plus mot.

APOLLON.

Pour moi, ſerviteur au Silence ; je ſors.

MINERVE.

Vous me faites plaiſir.

SCENE X.

MINERVE, L'AMOUR, CUPIDON, MERCURE.

MINERVE.

Allons, Cupidon, je vous écouterai, malgré les défauts qu'on vous reproche.

CUPIDON.

Mais qu'eſt-ce que c'eſt que mes défauts ? Où cela va-t-il ? On dit que je ſuis un peu libertin ? mais on n'a jamais dit que j'étois un Benêt.

L'AMOUR,

Eh ! de qui l'a-t-on dit ?

CUPIDON.

A votre place, je ne ferois point cette queſtion-là.

MINERVE.

Il ne s'agit point de cela, terminons ; je ne ſuis point venuë ici que pour vous écouter. Voyons.

A L'AMOUR.

Vons êtes l'ancien, vous ; parlez le premier.

L'AMOUR, *touſſe & crache.*

Sage Minerve, vous devant qui je m'eſtime heureux de reclamer mes droits. . . .

CUPIDON.

Je défends les coups d'encenſoir.

MINERVE.

Retranchez l'encens.

B 3

L'A-

L'AMOUR.

Je croirois manquer de respect, & faire outrage à vos lumieres, si je vous soupçonnois capable d'hésiter entre lui & moi.

CUPIDON.

La Cour remarquera qu'il la flatte.

MINERVE, *à Cupidon.*

Laissez-le donc dire.

CUPIDON.

Je ne parle pas, je ne fais qu'apostiller son Exorde.

L'AMOUR,

Ah! c'en est trop, votre audace m'irrite, & me fait sortir de la modération que je voulois garder; Qui êtes vous pour oser me disputer quelque chose? Vous, qui n'avez pour attribut que le vice, digne héritage d'une origine aussi impure que la Vôtre? Divinité scandaleuse, dont le culte est un Crime, à qui la seule corruption des hommes a dressé des Autels: Vous, à qui les devoirs les plus sacrés servent de victimes? Vous, qu'on ne peut honorer, qu'en immolant la Vertu? Funeste Autheur des plus honteuses flétrissures des hommes; qui, pour récompense à ceux qui vous suivent, ne leur laisse que le deshonneur, le repentir & la misere en partage: Osez-vous vous comparer à moi, au Dieu de la plus noble, de la plus estimable, de la plus tendre des passions, & j'ose dire de la plus féconde en Héros.

CUPIDON.

Bon, des Héros! Nous voilà bien riches! Est-ce que vous croyez que la terre ne se passera pas bien de ces Messieurs-là? Allez, ils sont plus curieux à voir que nécessaires; leur gloire a trop d'attirail. Si l'on rabattoit tous les frais qu'il en coûte pour les avoir, on verroit qu'on les achette plus qu'ils ne valent; On est bien dupe de les admirer, puisqu'on en paye la façon; il faut que les

Hom-

Hommes vivent un peu plus Bourgeoiſement les uns avec les autres, pour être en repos ; vos Héros ſortent du Niveau, & ne font que du tintamarre. Pourſuivez,

MINERVE.

Laiſſons-là les Héros, il eſt beau de l'être : mais la raiſon n'admire que les Sages.

CUPIDON.

Oh ! de ceux-là, il n'en a jamais fait, ni moi non plus.

L'AMOUR.

De grace, écoutez-moi Déeſſe. Qu'eſt-ce que c'étoit autrefois que l'envie de plaire ? Je vous en atteſte vous-même ; Qu'eſt-ce que c'étoit que l'amour ? je l'appellois tout à l'heure une paſſion ; c'étoit une Vertu, Déeſſe : C'étoit du moins l'origine de toutes les Vertus enſemble ; la Nature me préſentoit des hommes groſſiers, je les poliſſois ; des féroces, je les humaniſois ; des faineans, dont je reſſuſcitois les talens enfouis dans l'oiſiveté & dans la pareſſe ; avec moi, le méchant rougiſſoit de l'être ; l'eſpoir de plaire, à l'impoſſibilité d'y arriver autrement que par la Vertu, forçoit ſon ame à devenir eſtimable ; de mon tems, la pudeur étoit la plus eſtimable des graces.

CUPIDON.

Eh bien ! il ne faut pas faire tant de bruit ; c'eſt encore de même ; je n'en connois point de ſi piquante, moi, que la pudeur ; je l'adore, & mes ſujets auſſi ; ils la trouvent ſi charmante qu'ils la pourſuivent par-tout où ils la trouvent ; mais je m'appelle l'Amour ; mon métier n'eſt pas d'avoir ſoin d'elle ; il y a le Reſpect, la Sageſſe, l'Honneur, qui ſont commis à ſa garde. Voilà ſes Officiers ; c'eſt à eux à la défendre du danger qu'elle court, & ce danger c'eſt moi ; je ſuis fait pour

être,

être, ou son Vainqueur, ou son Vaincu. Nous ne sçaurions vivre autrement ensemble; & sauve qui peut, quand je la bats elle me le pardonne: Quand elle me bat je ne l'en estime pas moins, & elle ne m'en hait pas davantage; chaque chose a son contraire; je suis le sien. C'est sur la bataille des Contraires que tout roule dans la nature. Vous ne sçavez pas cela, vous; vous n'êtes point Philosophe.

L'AMOUR.

Jugez-nous, Déesse, sur ce qu'il vient d'avoüer lui-même; N'est-il pas condamnable? Quelle différence des Amans de mon tems aux siens? Que de décence dans les sentimens des miens? Que de dignité dans les transports même?

CUPIDON.

De la dignité dans l'Amour? de la décence pour la durée du Monde? Voilà des agrémens d'une grande resource! il ne sçait plus ce qu'il dit, Minerve, toute la nature est interessée à ce que vous renvoyiez ce vieux Garçon-là; il va l'appauvrir à un point, qu'il n'y aura plus que des déserts; Vivra-t-elle de soupirs? Il n'a que cela vaillant; autant en emporte le vent; & rien ne reste que des Romans de douze Tomes; encore à la fin, n'y aura-t-il personne pour les lire; prenez garde à ce que vous allez faire?

L'AMOUR.

Juste Ciel! faut-il? . . . . .

CUPIDON.

Bon, des apostrophes, au Ciel! Voilà encore de son jargon; Eh! morbleu, qu'il s'en aille; tenez, mon ami, je veux bien encore vous parler raison; vous me reprochez ma naissance, parce qu'elle n'est pas méthodique, & qu'il y manque une petite formalité, n'est-ce pas? Eh bien, mon enfant, c'est

en quoi elle eſt excellente, admirable; & vous n'y
entendez rien.

MERCURE.

Ceci eſt nouveau.

CUPIDON.

Doucement, la Nature avoit beſoin d'un Amour,
n'eſt-il pas vrai? Comment falloit-il qu'il fut, à
votre avis? un Conteur de fades fornettes? un trem-
bleur qui a toujours peur d'offenſer; qui n'eût fait
dire aux Femmes, que, ma Gloire! & aux Hommes, que vos divins appas! Non, cela ne valoit
rien. C'étoit un eſpiégle tel que moi qu'il falloit à
la Nature; un étourdi, ſans ſouci, plus vif que
délicat; qui mit toute ſa Nobleſſe à tout prendre,
& à ne rien laiſſer; & cet enfant-là, je vous prie,
y avoit-il rien de plus ſage que de lui donner pour
Pere & pour Mere des parens joyeux, qui le fiſſent
naître ſans cérémonie dans le ſein de la joye; il ne
falloit que le ſens commun pour ſentir cela; Mais,
dites-vous, vous êtes le Dieu du Vice; Cela n'eſt
pas vrai; je donne de l'Amour; Voilà tout: le reſte
vient du Cœur des Hommes, les uns y perdent,
les autres y gagnent; je ne m'en embaraſſe pas,
j'allume le feu; c'eſt à la raiſon à le conduire: &
je m'en tiens à mon métier de Diſtributeur de fla-
mes au profit de l'Univers; en voilà aſſez: croyez-
moi; retirez-vous. C'eſt l'avis de Minerve.

MINERVE.

Je ſuſpens encore mon jugement entre vous deux;
voici la Vertu qui entre; je ne prononcerai que
lorſqu'elle m'aura donné ſon avis.

B 5

SCENE

SCENE XI.

LA VERTU.

Les Acteurs précédens.

MINERVE.

VEnez, Déeſſe ; nous avons beſoin de vous ici. Vous ſçavez les motifs de notre Aſſemblée. Il s'agit à préſent de ſçavoir lequel de ces deux Amours nous devons retenir pour nos deſſeins ; je viens d'entendre leurs raiſons ; mais je ne déciderai la choſe, qu'après que vous l'aurez examinée vous-même; que chacun d'eux vous faſſe ſa déclaration, vous me direz après , laquelle vous aura paru du caractére le plus eſtimable ; & je jugerai par là lequel de leurs Dons peut entrainer le moins d'inconvéniens dans l'ame du Prince. Adieu, je vous laiſſe; & vous me ferez votre raport.

SCENE XII.

L'AMOUR, CUPIDON, MERCURE, LA VERTU.

MERCURE.

L'Expédient eſt très-bon.

CUPIDON.

Dites-moi, Déeſſe, ne vaudroit-il pas mieux que nous vous tiraſſions chacun un petit coup de dard ? Vous jugeriez mieux de ce que nous valons par nos coups.

LA VERTU.

Cela ſeroit inutile ; je ſuis invulnérable & d'ailleurs,

leurs, je veux vous écouter de sens froid, sans le secours d'aucune impreſſion étrangere.

MERCURE.

C'eſt bien dit; point de prévention.

L'AMOUR.

Il eſt bien humiliant pour moi de me voir tant de fois reduit à lutter contre lui.

CUPIDON.

Mon Ancien recule ici. Ses flâmes héroïques ont peur de mon feu Bourgeois; C'eſt le Brodequin qui épouvante le Cothurne.

L'AMOUR.

Je pourrois avoir peur, ſi nous avions pour Juge une Ame commune; mais avec la Vertu je n'ai rien à craindre.

CUPIDON.

Il fait toujours des exordes; il a pillé celui-ci dans Cléopatre.

LA VERTU.

Qu'importe? Allons, je vous entends.

MERCURE.

Le pas eſt reglé entre vous; C'eſt à l'Amour à commencer.

CUPIDON.

Sans doute; il eſt la Tragédie, lui; moi, je ne ſuis que la petite Piéce; qu'il vous glace d'abord, je vous rechaufferai après.

Mercure & la Verité ſoûrient.

L'AMOUR.

Quoi! met-il déja les Rieurs de ſon côté?

LA VERTU:

Laiſſez-le dire; commencez, je vous écoute.

MERCURE.

Motus.

L'AMOUR, *s'écarte & fait la révérence en abordant la Vertu.*

Permettez-moi, Madame, de vous demander un moment d'entretien ; jusques ici mon respect a reduit mes sentimens à se taire.

CUPIDON, *baaille.*

Ha, ha, ha.

L'AMOUR.

Ne m'interrompez donc pas.

CUPIDON.

Je vous demande pardon, mais je suis l'Amour ; & le respect m'a toujours fait baailler, ni prenez pas garde.

MERCURE.

Ce début me paroît froid.

LA VERTU, *à l'Amour.*

Recommencez.

L'AMOUR.

Je vous disois, Madame, que mon respect a reduit mes sentimens à se taire ; ils n'ont osé se produire que dans mes timides regards ; mais il n'est plus tems de feindre, ni de vous dérober votre Victime ; je sçais tout ce que je risque à vous déclarer ma flâme ; vos rigueurs vont punir mon audace ; vous allez accabler un téméraire ; Mais, Madame, au milieu du Courroux qui va vous saisir, souvenez-vous du moins que ma témérité n'a jamais passé jusqu'à l'espérance ; & que ma respectueuse ardeur . . . .

CUPIDON.

Encore du respect. Voilà mes vapeurs qui me reprennent.

MERCURE.

Et les voilà qui me gagnent aussi, moi.

L'AMOUR.

Déesse, rendez moi justice, vous sentez bien
qu'on

qu'on m'arrête au milieu d'une Période aſſez tou-
chante, & qui avoit quelque dignité.

LA VERTU.

Voilà qui eſt bien ; votre langage eſt décent ; il
n'étourdit point la raiſon ; on a le tems de ſe re-
connoître ; & j'en rendrai bon compte.

MERCURE.

Cela fait une belle Piéce d'éloquence. On diroit
d'une Harangue.

CUPIDON.

Ouï-dà cette flâme, avec les rigueurs de Madame, la témérité qu'on accable à cauſe de cette audace, qui met en courroux, en dépit de l'eſpéran-
ce qu'on n'a point, avec cette victime qui vient
brocher ſur le tout ; cela eſt très-beau, très-tou-
chant aſſurément.

L'AMOUR, *à Cupidon.*

Ce n'eſt pas votre ſentiment qu'on demande ; voulez-vous que je continuë, Déeſſe.

LA VERTU.

Ce n'eſt pas la peine, en voilà aſſez, je vois bien
ce que vous ſçavez faire ; A vous Cupidon.

MERCURE.

Voyons.

CUPIDON.

Non, Déeſſe adorable, ne m'expoſez point à vous
dire que je vous aime ; vous regardez ceci comme
une feinte ; mais vous êtes trop aimable, & mon
Cœur pourroit s'y méprendre ; je vous dis la verité ;
ce n'eſt pas d'aujourd'hui que vous me touchez ; je
me connois en charmes. Ni ſur la Terre ni dans
les Cieux, je ne vois rien qui ne le céde aux vôtres ; Combien de fois n'ai-je pas été tenté de me
jetter à vos génoux ? Quelles délices pour moi d'ai-
mer la Vertu, ſi je pouvois être aimé d'elle ? Eh !
pourquoi ne m'aimeriez-vous pas ? que veut dire

ce penchant qui me porte à vous, s'il n'annonce pas que vous y serez sensible ? Je sens que tout mon cœur vous est dû ; N'avez-vous pas quelque répugnance à me refuser le vôtre ? Aimable Vertu, me fuyez-vous toujours ? Regardez-moi, ne me connoissez vous pas ; C'est l'Amour à vos génoux qui vous parle. Essayez de le voir, il est soumis ; il ne veut que vous fléchir. Je vous aime, je vous le dis, vous m'entendez ; mais vos yeux ne me rassûrent pas. Un regard acheveroit mon bonheur ; un regard ! Ah ! quel plaisir, vous me l'accordez chére main que j'idolâtre ; recevez mes transports ; Voici le plus heureux instant qui me soit échû en Partage.

LA VERTU, *Soûpirant*.

Ah ! finissez, Cupidon ; je vous défends de parler d'avantage.

L'AMOUR.

Quoi ? la Vertu se laisse baiser la main.

LA VERTU.

Il va si vîte, que je ne la lui ai pas vû prendre.

MERCURE.

Ce Fripon-là m'a attendri aussi.

CUPIDON.

Déesse, pour m'expliquer comme lui, vous plaît-il d'écouter encore deux ou trois petites Périodes de conséquence.

LA VERTU.

Quoi, voulez-vous continuer ? Adieu.

CUPIDON.

Mais vous vous en allez, & ne décidez rien.

LA VERTU.

Je me sauve, & vais faire mon rapport à Minerve.

L'AMOUR.

Adieu, Mercure, je vous quitte, & je vais la suivre.

CUPIDON, *riant*.

Allez, Allez, lui servir d'antidote,

SCENE

SCENE XIII.

MERCURE, CUPIDON.

CUPIDON, *riant*.

HA, ha, ha, ha. La Vertu se laissoit apprivoiser, je la tenois déjà par la main, toute Vertu qu'elle est : & si elle me donnoit encore un quart-d'heure d'audience, je vous la garantirois mal nommée.

MERCURE.

Ouï, mais la Vertu est sage, & vous fuit.

CUPIDON.

La belle ressource.

MERCURE.

Il n'y en a point d'autre avec un fripon comme vous.

CUPIDON.

Qu'est-ce donc, Seigneur Mercure? Vous me donnez des épithétes? Vous vous familiarisez, petit Commensal?

MERCURE.

Quoi, vous vous fâchez?

CUPIDON.

Oh! que non, nous ne pouvons nous passer l'un de l'autre; mais qu'en dites-vous? Le Dieu de la Tendresse n'a pas beaucoup brillé, ce me semble.

MERCURE.

Vous êtes un étourdi, vous ne l'avez que trop battu, & je crains que vous n'ayez paru trop fort. Comment donc? vous égratignez en joüant jusqu'à la Vertu même? Oh l'on ne vous choisira pas pour la Cérémonie présente; vous êtes trop remuant; vous mettriez la Ville & la Cour sur un joli ton. J'entends quelqu'un, je suis sûr que c'est Minerve qui va venir vous donner votre Congé. C'est elle même.

SCE-

SCENE XIV. & *dernière.*

Tous les Acteurs de la Piéce.

MINERVE.

CUpidon, la Vertu décidoit contre vous ; & moi-même j'allois être de son sentiment, si Jupiter n'avoit pas jugé à propos de vous réünir, en vous corrigeant pour former le Cœur du Prince. Avec votre Confrere, l'ame est trop tendre il est vrai ; mais avec vous, elle est trop libertine. Il fait souvent des Cœurs ridicules ; vous n'en faites que des méprisables. Il égare l'esprit ; mais vous ruïnez les mœurs ; il n'a que des défauts, vous n'avez que des vices ; Unissez-vous tous deux ; rendez-le plus vif & plus passionné ; & qu'il vous rende plus tendre & plus raisonnable, & vous serez sans reproche ; Au reste, ce n'est pas un Conseil que je vous donne, c'est un ordre de Jupiter que je vous annonce.

CUPIDON, *embrassant l'Amour.*

Allons, mon Camarade, je le veux bien, embrassons-nous ; Je vous apprendrai à n'être plus si sot ; & vous m'apprendrez à être plus sage.

F I N.

APROBATION.

J'Ai lû par ordre de Monseigneur le Garde des Sceaux, LA RÉUNION DES AMOURS, Comédie héroïque, & je n'y ai rien trouvé qui puisse en empêcher l'impression. Ce 12. Decembre 1731. Signé GALLYOT.

LE CAPRICE

DE

L'AMOUR.

COMÉDIE

En trois Actes,

AVEC UN

DIVERTISSEMENT.

PAR Mlle HUAU.

A LA HAYE,

Chez ANTOINE van DOLE.

MDCCXXXIX.

ACTEURS.

LA COMTESSE, jeune Veuve.

LUCILLE, Sœur de la Comtesse.

LE MARQUIS, Amoureux de la Comtesse.

LE CHEVALIER, Amoureux de Lucille.

LE BARON, Pere de la Comtesse & de Lucille.

PASQUIN, Valet du Marquis.

MARTON, Suivante de la Comtesse.

ROSETTE, jeune Paysanne, Servante de Lucille.

CHARLOT, Jardinier de la Comtesse.

HE'BE'E, Déesse de la Jeunesse.

DEUX AMOURS.

BERGERS & BERGERES.

La Scéne est dans le Jardin du Chateau de la Comtesse.

www.ingramcontent.com/pod-product-compliance
Lightning Source LLC
LaVergne TN
LVHW011454180726
843503LV00009BA/3929